PRÉFACE

La collection de guides de conversation "Tout ira bien!", publié par T&P Books, est conçue pour les gens qui voyagent par affaire ou par plaisir. Les guides de conversations contiennent le plus important - l'essentiel pour la communication de base. Il s'agit d'une série indispensable de phrases pour survivre à l'étranger.

Ce guide de conversation vous aidera dans la plupart des cas où vous devez demander quelque chose, trouver une direction, découvrir le prix d'un souvenir, etc. Il peut aussi résoudre des situations de communication difficile lorsque la gesticulation n'aide pas.

Ce livre contient beaucoup de phrases qui ont été groupées par thèmes. Vous trouverez aussi un mini dictionnaire avec des mots utiles - les nombres, le temps, le calendrier, les couleurs...

Emmenez avec vous un guide de conversation "Tout ira bien!" sur la route et vous aurez un compagnon de voyage irremplaçable qui vous aidera à vous sortir de toutes les situations et vous enseignera à ne pas avoir peur de parler aux étrangers.

TABLE DES MATIÈRES

T&P Books Publishing

T&P Books Publishing

GUIDE DE CONVERSATION NÉERLANDAIS

LES PHRASES LES PLUS UTILES

Ce guide de conversation contient les phrases et les questions les plus communes et nécessaires pour communiquer avec des étrangers

Par Andrey Taranov

T&P BOOKS

Guide de conversation + dictionnaire de 250 mots

Guide de conversation Français-Néerlandais et mini dictionnaire de 250 mots

Par Andrey Taranov

La collection de guides de conversation "Tout ira bien!", publiée par T&P Books, est conçue pour les gens qui voyagent par affaire ou par plaisir. Les guides contiennent l'essentiel pour la communication de base. Il s'agit d'une série indispensable de phrases pour "survivre" à l'étranger.

Vous trouverez aussi un mini dictionnaire de 250 mots utiles, nécessaire à la communication quotidienne - le nom des mois, des jours, les unités de mesure, les membres de la famille, et plus encore.

T&P Books Publishing
www.tpbooks.com

ISBN: 978-1-78492-531-4

Ce livre existe également en format électronique.
Pour plus d'informations, veuillez consulter notre site: www.tpbooks.com
ou rendez-vous sur ceux des grandes librairies en ligne.

PRONONCIATION

Alphabet phonétique T&P	Exemple en néerlandais	Exemple en français
[a]	plasje	classe
[ã]	kraag	camarade
[o], [ɔ]	zondag	normal
[o]	geografie	normal
[õ]	oorlog	tableau
[e]	nemen	équipe
[ê]	wreed	aller
[ɛ]	ketterij	faire
[ɛ:]	crème	hacker
[ə]	tachtig	record
[i]	alpinist	stylo
[ĩ]	referee	industrie
[ʏ]	stadhuis	Portugal
[œ]	druif	neuf
[ø]	treurig	peu profond
[u]	schroef	boulevard
[ʉ]	zuchten	voyou
[ũ]	minuut	sucre
[b]	oktober	bureau
[d]	diepte	document
[f]	fierheid	formule
[g]	golfclub	gris
[h]	horizon	[h] aspiré
[j]	jaar	maillot
[k]	klooster	bocal
[l]	politiek	vélo
[m]	melodie	minéral
[n]	netwerk	ananas
[p]	peper	panama
[r]	rechter	racine, rouge
[s]	smaak	syndicat
[t]	telefoon	tennis
[v]	vijftien	rivière
[w]	waaier	iguane

Alphabet phonétique T&P	Exemple en néerlandais	Exemple en français
[z]	zacht	gazeuse
[dʒ]	manager	adjoint
[ʃ]	architect	chariot
[ŋ]	behang	parking
[tʃ]	beertje	match
[ʒ]	bougie	jeunesse
[x]	acht, gaan	jota

LISTE DES ABRÉVIATIONS

Abréviations en français

adj	-	adjective
adv	-	adverbe
anim.	-	animé
conj	-	conjonction
dénombr.	-	dénombrable
etc.	-	et cetera
f	-	nom féminin
f pl	-	féminin pluriel
fam.	-	familiar
fem.	-	féminin
form.	-	formal
inanim.	-	inanimé
indénombr.	-	indénombrable
m	-	nom masculin
m pl	-	masculin pluriel
m, f	-	masculin, féminin
masc.	-	masculin
math	-	mathematics
mil.	-	militaire
pl	-	pluriel
prep	-	préposition
pron	-	pronom
qch	-	quelque chose
qn	-	quelqu'un
sing.	-	singulier
v aux	-	verbe auxiliaire
v imp	-	verbe impersonnel
vi	-	verbe intransitif
vi, vt	-	verbe intransitif, transitif
vp	-	verbe pronominal
vt	-	verbe transitif

Abréviations en néerlandais

mv.	-	pluriel

Les articles en néerlandais

de	-	genre commun
de/het	-	neutre, genre commun
het	-	neutre

T&P BOOKS

GUIDE DE CONVERSATION NÉERLANDAIS

Cette section contient
des phrases importantes
qui peuvent être utiles dans
des situations courantes.
Le guide vous aidera
à demander des directions,
clarifier le prix, acheter
des billets et commander
des plats au restaurant

T&P Books Publishing

CONTENU DU GUIDE
DE CONVERSATION

Excusez-moi, ...	**Pardon, ...** [par'dɔn, ...]
Bonjour	**Hallo.** [halɔ]
Merci	**Bedankt.** [bə'dankt]
Au revoir	**Tot ziens.** [tɔt zins]
Oui	**Ja.** [ja]
Non	**Nee.** [nē]
Je ne sais pas.	**Ik weet het niet.** [ik wēt ət nit]
Où? | Où? | Quand?	**Waar? | Waarheen? | Wanneer?** [wār? | wār'hēn? | wa'nēr?]

J'ai besoin de ...	**Ik heb ... nodig** [ik hɛp ... 'nɔdəx]
Je veux ...	**Ik wil ...** [ik wil ...]
Avez-vous ... ?	**Hebt u ...?** [hɛpt ju ...?]
Est-ce qu'il y a ... ici?	**Is hier een ...?** [is hir en ...?]
Puis-je ... ?	**Mag ik ...?** [max ik ...?]
s'il vous plaît (pour une demande)	**... alstublieft** [... alstʉ'blift]

Je cherche ...	**Ik zoek ...** [ik zuk ...]
les toilettes	**toilet** [twa'lɛt]
un distributeur	**geldautomaat** [xɛlt·auto'māt]
une pharmacie	**apotheek** [apɔ'tēk]
l'hôpital	**ziekenhuis** [zikənhœys]
le commissariat de police	**politiebureau** [pɔ\'litsi bʉ\'rɔ]
une station de métro	**metro** ['metrɔ]

un taxi	**taxi** [taksi]
la gare	**station** [sta'tsjɔn]

Je m'appelle ...	**Ik heet ...** [ik hɛ̃t ...]
Comment vous appelez-vous?	**Hoe heet u?** [hu hɛ̃t ju?]
Aidez-moi, s'il vous plaît.	**Kunt u me helpen alstublieft?** [kʉnt ju mə 'hɛlpən alstʉ'blift?]
J'ai un problème.	**Ik heb een probleem.** [ik hɛp ən prɔ'blɛ̃m]
Je ne me sens pas bien.	**Ik voel me niet goed.** [ik vul mə nit xut]
Appelez une ambulance!	**Bel een ambulance!** [bɛl en ambʉ'lansə!]
Puis-je faire un appel?	**Mag ik opbellen?** [max ik ɔ'bɛlən?]

Excusez-moi.	**Sorry.** ['sɔri]
Je vous en prie.	**Graag gedaan.** [xrãx xə'dãn]

je, moi	**Ik, mij** [ik, mɛj]
tu, toi	**jij** [jɛj]
il	**hij** [hɛj]
elle	**zij** [zɛj]
ils	**zij** [zɛj]
elles	**zij** [zɛj]
nous	**wij** [wɛj]
vous	**jullie** ['juli]
Vous	**u** [ju]

ENTRÉE	**INGANG** [inxaŋ]
SORTIE	**UITGANG** [œytxaŋ]
HORS SERVICE | EN PANNE	**BUITEN GEBRUIK** [bœytən xə'brœyk]
FERMÉ	**GESLOTEN** [xə'slɔtən]

OUVERT	**OPEN** ['ɔpən]
POUR LES FEMMES	**DAMES** [daməs]
POUR LES HOMMES	**HEREN** ['herən]

Questions

Où? (lieu)	**Waar?** [wār?]
Où? (direction)	**Waarheen?** [wār'hēn?]
D'où?	**Vanwaar?** [van'wār?]
Pourquoi?	**Waar?** [wār?]
Pour quelle raison?	**Waarom?** [wā'rɔm?]
Quand?	**Wanneer?** [wa'nēr?]

Combien de temps?	**Hoe lang?** [hu laŋ?]
À quelle heure?	**Hoe laat?** [hu lāt?]
C'est combien?	**Hoeveel?** [huvēl?]
Avez-vous ... ?	**Hebt u ...?** [hɛpt ju ...?]
Où est ..., s'il vous plaît?	**Waar is ...?** [wār is ...?]

Quelle heure est-il?	**Hoe laat is het?** [hu lāt is ət?]
Puis-je faire un appel?	**Mag ik opbellen?** [max ik ɔ'bɛlən?]
Qui est là?	**Wie is daar?** [wi is dār?]
Puis-je fumer ici?	**Mag ik hier roken?** [max ik hir 'rɔkən?]
Puis-je ...?	**Mag ik ...?** [max ik ...?]

Besoins

Je voudrais ...	**Ik zou graag ...** [ik 'zau xrāx ...]
Je ne veux pas ...	**Ik wil niet ...** [ik wil nit ...]
J'ai soif.	**Ik heb dorst.** [ik hɛp dɔrst]
Je veux dormir.	**Ik wil gaan slapen.** [ik wil xān 'slapən]
Je veux ...	**Ik wil ...** [ik wil ...]
me laver	**wassen** [wasən]
brosser mes dents	**mijn tanden poetsen** [mɛjn 'tandən 'putsən]
me reposer un instant	**even rusten** [evən 'rʉstən]
changer de vêtements	**me omkleden** [mə 'ɔmkledən]
retourner à l'hôtel	**teruggaan naar het hotel** [te'rʉxxān nār hɛt hɔ'tɛl]
acheter ...	**... kopen** [... 'kɔpən]
aller à ...	**gaan naar ...** [xān nār ...]
visiter ...	**bezoeken ...** [bə'zukən ...]
rencontrer ...	**ontmoeten ...** [ɔnt'mutən ...]
faire un appel	**opbellen** [ɔ'bɛlən]
Je suis fatigué /fatiguée/	**Ik ben moe.** [ik bɛn mu]
Nous sommes fatigués /fatiguées/	**We zijn moe.** [we zɛjn mu]
J'ai froid.	**Ik heb het koud.** [ik hɛp ət 'kaut]
J'ai chaud.	**Ik heb het warm.** [ik hɛp ət warm]
Je suis bien.	**Ik ben okay.** [ik bɛn ɔ'kɛj]

Il me faut faire un appel.

Ik moet opbellen.
[ik mut ɔ'bɛlən]

J'ai besoin d'aller aux toilettes.

Ik moet naar het toilet.
[ik mut nãr ət twa'lɛt]

Il faut que j'aille.

Ik moet weg.
[ik mut wɛx]

Je dois partir maintenant.

Ik moet nu weg.
[ik mut nʉ wɛx]

Comment demander la direction

Excusez-moi, ...	**Pardon, ...** [par'dɔn, ...]
Où est ..., s'il vous plaît?	**Waar is ...?** [wār is ...?]
Dans quelle direction est ... ?	**Welke richting is ...?** ['wɛlkə 'rixtiŋ is ...?]
Pouvez-vous m'aider, s'il vous plaît ?	**Kunt u me helpen alstublieft?** [kʉnt ju mə 'hɛlpən alstʉ'blift?]
Je cherche ...	**Ik zoek ...** [ik zuk ...]
La sortie, s'il vous plaît?	**Waar is de uitgang?** [wār is də 'œʏtxaŋ?]
Je vais à ...	**Ik ga naar ...** [ik xa nār ...]
C'est la bonne direction pour ...?	**Is dit de weg naar ...?** [is dit də wɛx nār ...?]
C'est loin?	**Is het ver?** [iz ət vɛr?]
Est-ce que je peux y aller à pied?	**Kan ik er lopend naar toe?** [kan ik ɛr 'lopənt nār tu?]
Pouvez-vous me le montrer sur la carte?	**Kunt u het op de plattegrond aanwijzen?** [kʉnt ju ət ɔp də platə'xrɔnt 'ānwɛjzən?]
Montrez-moi où sommes-nous, s'il vous plaît.	**Kunt u me aanwijzen waar we nu zijn?** [kʉnt ju mə 'ānwɛjzən wār wə nʉ zɛjn]
Ici	**Hier** [hir]
Là-bas	**Daar** [dār]
Par ici	**Deze kant uit** [dezə kant 'œʏt]
Tournez à droite.	**Rechtsaf.** [rɛxts'af]
Tournez à gauche.	**Linksaf.** [linksaf]
Prenez la première (deuxième, troisième) rue.	**eerste (tweede, derde) bocht** [ērstə ('twēdə, 'dɛrdə) bɔxt]

à droite	**rechtsaf** [rɛxts'af]
à gauche	**linksaf** [linksaf]
Continuez tout droit.	**Ga rechtuit.** [xa 'rɛxtœʏt]

Affiches, Pancartes

BIENVENUE!	**WELKOM!** ['wɛlkɔm!]
ENTRÉE	**INGANG** [inxaŋ]
SORTIE	**UITGANG** [œʏtxaŋ]

POUSSEZ	**DRUK** [drʉk]
TIREZ	**TREK** [trɛk]
OUVERT	**OPEN** ['ɔpən]
FERMÉ	**GESLOTEN** [xə'slɔtən]

POUR LES FEMMES	**DAMES** [daməs]
POUR LES HOMMES	**HEREN** ['herən]
MESSIEURS (m)	**HEREN (m)** ['herən]
FEMMES (f)	**DAMES (v)** [daməs]

RABAIS | SOLDES	**KORTINGEN** ['kɔrtiŋən]
PROMOTION	**UITVERKOOP** [œʏt'vɛrkōp]
GRATUIT	**GRATIS** [xratis]
NOUVEAU!	**NIEUW!** [niu!]
ATTENTION!	**PAS OP!** [pas ɔp!]

COMPLET	**ALLE KAMERS BEZET** [ale 'kamərs bə'zɛt]
RÉSERVÉ	**GERESERVEERD** [xərezɛr'vērt]
ADMINISTRATION	**ADMINISTRATIE** [administ'ratsi]
PERSONNEL SEULEMENT	**UITSLUITEND PERSONEEL** [œʏtslœʏtənt pɛrsɔ'nēl]

ATTENTION AU CHIEN!	**PAS OP VOOR DE HOND!**
	[pas ɔp vŏr də hɔnt!]
NE PAS FUMER!	**VERBODEN TE ROKEN!**
	[vər'bɔdən tə 'rɔkən!]
NE PAS TOUCHER!	**NIET AANRAKEN!**
	[nit 'ānrakən!]
DANGEREUX	**GEVAARLIJK**
	[xe'vārlək]
DANGER	**GEVAAR**
	[xe'vār]
HAUTE TENSION	**HOOGSPANNING**
	[hŏxs'paniŋ]
BAIGNADE INTERDITE!	**VERBODEN TE ZWEMMEN**
	[vər'bɔdən tə 'zwemən]

HORS SERVICE | EN PANNE	**BUITEN GEBRUIK**
	[bœʏtən xə'brœʏk]
INFLAMMABLE	**ONTVLAMBAAR**
	[ɔnt'flambār]
INTERDIT	**VERBODEN**
	[vər'bɔdən]
ENTRÉE INTERDITE!	**VERBODEN TOEGANG**
	[vər'bɔdən 'tuxaŋ]
PEINTURE FRAÎCHE	**NATTE VERF**
	[natə vɛrf]

FERMÉ POUR TRAVAUX	**GESLOTEN WEGENS VERBOUWING**
	[xə'slɔtən 'wexəns vər'bauwiŋ]
TRAVAUX EN COURS	**WERK IN UITVOERING**
	[wɛrk in œʏt'vuriŋ]
DÉVIATION	**OMWEG**
	['ɔmwɛx]

Transport - Phrases générales

avion	**vliegtuig** [vlixtœɣx]
train	**trein** [trɛjn]
bus, autobus	**bus** [bʉs]
ferry	**veerpont** [vērpɔnt]
taxi	**taxi** [taksi]
voiture	**auto** [autɔ]
horaire	**dienstregeling** [dinst·'rexəliŋ]
Où puis-je voir l'horaire?	**Waar is de dienstregeling?** [wăr is də dinst·'rexəliŋ?]
jours ouvrables	**werkdagen** [wɛrk'daxən]
jours non ouvrables	**weekends** [wīkɛnts]
jours fériés	**vakanties** [va'kantsis]
DÉPART	**VERTREK** [vər'trɛk]
ARRIVÉE	**AANKOMST** [ānkɔmst]
RETARDÉE	**VERTRAAGD** [vərt'răxt]
ANNULÉE	**GEANNULEERD** [xəanʉ'lērt]
prochain (train, etc.)	**volgende** ['vɔlxəndə]
premier	**eerste** [ērstə]
dernier	**laatste** [lătstə]
À quelle heure est le prochain ...?	**Hoe laat gaat de volgende ...?** [hu lāt xăt də 'vɔlxəndə ...?]
À quelle heure est le premier ...?	**Hoe laat gaat de eerste ...?** [hu lāt xăt də 'ērstə ...?]

À quelle heure est le dernier ...?

Hoe laat gaat de laatste ...?
[hu lāt xāt də 'lātstə ...?]

correspondance

aansluiting
[ānslœytiŋ]

prendre la correspondance

overstappen
[ɔvər'stapən]

Dois-je prendre la correspondance?

Moet ik overstappen?
[mut ik ɔvər'stapən?]

Acheter un billet

Où puis-je acheter des billets?	**Waar kan ik kaartjes kopen?** [wãr kan ik 'kãrtjəs 'kɔpən?]
billet	**kaartje** [kãrtjə]
acheter un billet	**een kaartje kopen** [en 'kãrtjə 'kɔpən]
le prix d'un billet	**prijs van een kaartje** [prɛjs van en 'kãrtjə]

Pour aller où?	**Waarheen?** [wãr'hēn?]
Quelle destination?	**Naar welk station?** [nãr wɛlk sta'tsjɔn?]
Je voudrais ...	**Ik heb ... nodig** [ik hɛp ... 'nodəx]
un billet	**een kaartje** [en 'kãrtjə]
deux billets	**twee kaartjes** [twē 'kãrtjəs]
trois billets	**drie kaartjes** [dri 'kãrtjəs]

aller simple	**enkel** ['ɛnkəl]
aller-retour	**retour** [re'tu:r]
première classe	**eerste klas** [ērstə klas]
classe économique	**tweede klas** [twēdə klas]

aujourd'hui	**vandaag** [van'dãx]
demain	**morgen** ['mɔrxən]
après-demain	**overmorgen** [ɔvər'mɔrxən]
dans la matinée	**s morgens** [s 'mɔrxəns]
l'après-midi	**s middags** [s 'midaxs]
dans la soirée	**s avonds** [s 'avɔnts]

siège côté couloir	**zitplaats aan het gangpad** [zitplāts ān ət 'xaŋpat]
siège côté fenêtre	**zitplaats bij het raam** [zitplāts bɛj ət rām]
C'est combien?	**Hoeveel?** [huvēl?]
Puis-je payer avec la carte?	**Kan ik met een creditcard betalen?** [kan ik mɛt en 'kredit·kart bə'talən?]

L'autobus

bus, autobus	**bus** [bʉs]
autocar	**intercity bus** [inter'siti bʉs]

arrêt d'autobus	**bushalte** [bʉs'haltə]
Où est l'arrêt d'autobus le plus proche?	**Waar is de meest nabij gelegen bushalte?** [wār is də mēst na'bɛj xə'lexən bʉs'haltə?]

numéro	**nummer** [nʉmər]
Quel bus dois-je prendre pour aller à ...?	**Met welke bus kan ik naar ... gaan?** [mɛt 'wɛlkə bʉs kan ik nār ... xān?]
Est-ce que ce bus va à ...?	**Gaat deze bus naar ...?** [xāt 'dezə bʉs nār ...?]
L'autobus passe tous les combien?	**Hoe dikwijls rijden de bussen?** [hu 'dikwəls 'rɛjdən də 'bʉsən?]

chaque quart d'heure	**om het kwartier** [ɔm ət kwar'tir]
chaque demi-heure	**om het half uur** [ɔm ət half ūr]
chaque heure	**om het uur** [ɔm ət ūr]
plusieurs fois par jour	**verschillende keren per dag** [vər'sxiləndə 'kerən pər dax]
... fois par jour	**... keer per dag** [... kēr pər dax]

horaire	**dienstregeling** [dinst·'rexəliŋ]
Où puis-je voir l'horaire?	**Waar is de dienstregeling?** [wār is də dinst·'rexəliŋ?]

À quelle heure passe le prochain bus?	**Hoe laat vertrekt de volgende bus?** [hu lāt vər'trɛkt də 'vɔlxəndə bʉs?]
À quelle heure passe le premier bus?	**Hoe laat vertrekt de eerste bus?** [hu lāt vər'trɛkt də 'ērstə bʉs?]
À quelle heure passe le dernier bus?	**Hoe laat vertrekt de laatste bus?** [hu lāt vər'trɛkt də 'lātstə bʉs?]

arrêt

halte
[haltə]

prochain arrêt

volgende halte
[vɔlxəndə 'haltə]

terminus

eindstation
[ɛjnt sta'tsjɔn]

Pouvez-vous arrêter ici, s'il vous plaît.

Hier stoppen alstublieft.
[hir 'stɔpən alstʉ'blift]

Excusez-moi, c'est mon arrêt.

Pardon, dit is mijn halte.
[par'dɔn, dit is mɛjn 'haltə]

Train

train	**trein** [trɛjn]
train de banlieue	**pendeltrein** ['pendəl trɛjn]
train de grande ligne	**langeafstandstrein** [laŋe·'afstants·trɛjn]
la gare	**station** [sta'tsjɔn]
Excusez-moi, où est la sortie vers les quais?	**Pardon, waar is de toegang tot het perron?** [par'dɔn, wār is də 'tuxaŋ tɔt ət pɛ'rɔn?]

Est-ce que ce train va à ...?	**Gaat deze trein naar ...?** [xāt 'dezə trɛjn nār ...?]
le prochain train	**volgende trein** ['vɔlxəndə trɛjn]
À quelle heure est le prochain train?	**Hoe laat gaat de volgende trein?** [hu lāt xāt də 'vɔlxəndə trɛjn?]
Où puis-je voir l'horaire?	**Waar is de dienstregeling?** [wār is də dinst·'rexəliŋ?]
De quel quai?	**Van welk perron?** [van wɛlk pɛ'rɔn?]
À quelle heure arrive le train à ...?	**Wanneer komt de trein aan in ...?** [wa'nēr kɔmt də trɛjn ān in ...?]

Pouvez-vous m'aider, s'il vous plaît?	**Kunt u me helpen alstublieft?** [kʉnt ju mə 'hɛlpən alstʉ'blift?]
Je cherche ma place.	**Ik zoek mijn zitplaats.** [ik zuk mɛjn 'zitplāts]
Nous cherchons nos places.	**Wij zoeken onze zitplaatsen.** [wɛj 'zukən 'ɔnzə 'zitplātsen]
Ma place est occupée.	**Mijn zitplaats is bezet.** [mɛjn 'zitplāts is bə'zɛt]
Nos places sont occupées.	**Onze zitplaatsen zijn bezet.** [ɔnzə 'zitplātsen zɛjn bə'zɛt]

Excusez-moi, mais c'est ma place.	**Sorry, maar dit is mijn zitplaats.** [sɔri, mār dit is mɛjn 'zitplāts]
Est-ce que cette place est libre?	**Is deze zitplaats bezet?** [is 'dezə 'zitplāts bə'zɛt?]
Puis-je m'asseoir ici?	**Mag ik hier zitten?** [max ik hir 'zitən?]

Sur le train - Dialogue (Pas de billet)

Votre billet, s'il vous plaît.

Uw kaartje alstublieft.
[ʉw 'kārtjə alstʉ'blift]

Je n'ai pas de billet.

Ik heb geen kaartje.
[ik hɛp xēn 'kārtjə]

J'ai perdu mon billet.

Ik heb mijn kaartje verloren.
[ik hɛp mɛjn 'kārtjə vər'lɔrən]

J'ai oublié mon billet à la maison.

Ik heb mijn kaartje thuis vergeten.
[ik hɛp mɛjn 'kārtjə thœys vər'xetən]

Vous pouvez m'acheter un billet.

U kunt een kaartje van mij kopen.
[ju kʉnt en 'kārtjə van mɛj 'kɔpən]

Vous devrez aussi payer une amende.

U moet ook een boete betalen.
[ju mut ōk en 'butə bə'talən]

D'accord.

Okay.
[ɔ'kɛj]

Où allez-vous?

Waar gaat u naartoe?
[wār xāt ju nārtu?]

Je vais à ...

Ik ga naar ...
[ik xa nār ...]

Combien? Je ne comprend pas.

Hoeveel kost het? Ik versta het niet.
[huvēl kɔst ət? ik vərs'ta ət nit]

Pouvez-vous l'écrire, s'il vous plaît.

Schrijf het neer alstublieft.
[sxrɛjf ət nēr alstʉ'blift]

D'accord. Puis-je payer avec la carte?

Okay. Kan ik met een creditcard betalen?
[ɔ'kɛj. kan ik mɛt en 'kredit·kart bə'talən?]

Oui, bien sûr.

Ja, dat kan.
[ja, dat kan]

Voici votre reçu.

Hier is uw ontvangstbewijs.
[hir is ʉw ɔnt'faŋst·bə'wɛjs]

Désolé pour l'amende.

Sorry voor de boete.
[sɔri vōr də 'butə]

Ça va. C'est de ma faute.

Maakt niet uit. Het is mijn schuld.
[mākt nit œyt hɛt is mɛjn sxʉlt]

Bon voyage.

Prettige reis.
['prɛtixə rɛjs]

Taxi

taxi	**taxi** [taksi]
chauffeur de taxi	**taxi chauffeur** [taksi ʃo'før]
prendre un taxi	**een taxi nemen** [en 'taksi 'nemən]
arrêt de taxi	**taxistandplaats** [taksi·'stantplāts]
Où puis-je trouver un taxi?	**Waar kan ik een taxi nemen?** [wār kan ik en 'taksi 'nemən?]
appeler un taxi	**een taxi bellen** [en 'taksi 'bɛlən]
Il me faut un taxi.	**Ik heb een taxi nodig.** [ik hɛp en 'taksi 'nɔdəx]
maintenant	**Nu onmiddellijk.** [nʉ ɔn'midələk]
Quelle est votre adresse?	**Wat is uw adres?** [wat is ʉw ad'rɛs?]
Mon adresse est ...	**Mijn adres is ...** [mɛjn ad'rɛs is ...]
Votre destination?	**Uw bestemming?** [ʉw bəs'tɛmiŋ?]
Excusez-moi, ...	**Pardon, ...** [par'dɔn, ...]
Vous êtes libre ?	**Bent u vrij?** [bɛnt ju vrɛj?]
Combien ça coûte pour aller à ...?	**Hoeveel kost het naar ...?** [huvēl kɔst ət nār ...?]
Vous savez où ça se trouve?	**Weet u waar dit is?** [wēt ju wār dit is?]
À l'aéroport, s'il vous plaît.	**Luchthaven alstublieft.** [lʉxt'havən alstʉ'blift]
Arrêtez ici, s'il vous plaît.	**Hier stoppen alstublieft.** [hir 'stɔpən alstʉ'blift]
Ce n'est pas ici.	**Het is niet hier.** [hɛt is nit hir]
C'est la mauvaise adresse.	**Dit is het verkeerde adres.** [dit is ət vər'kērdə ad'rɛs]

tournez à gauche	**Linksaf.** [linksaf]
tournez à droite	**Rechtsaf.** [rɛxts'af]

Combien je vous dois?	**Hoeveel ben ik u schuldig?** [huvēl bɛn ik ju 'sxʉldəx?]
J'aimerais avoir un reçu, s'il vous plaît.	**Kan ik een bon krijgen alstublieft.** [kan ik en bɔn 'krɛjxən alstʉ'blift]
Gardez la monnaie.	**Hou het kleingeld maar.** [hau ət 'klɛjnxɛlt mār]

Attendez-moi, s'il vous plaît ...	**Wil u even op mij wachten?** [wil ju 'evən ɔp mɛj 'waxtən?]
cinq minutes	**vijf minuten** [vɛjf mi'nʉtən]
dix minutes	**tien minuten** [tin mi'nʉtən]
quinze minutes	**vijftien minuten** [vɛjftin mi'nʉtən]
vingt minutes	**twintig minuten** [twintəx mi'nʉtən]
une demi-heure	**een half uur** [en half ūr]

Hôtel

Bonjour.	**Hallo.** [halɔ]
Je m'appelle …	**Ik heet …** [ik hēt …]
J'ai réservé une chambre.	**Ik heb gereserveerd.** [ik hɛp xərezɛr'vērt]

Je voudrais …	**Ik heb … nodig** [ik hɛp … 'nɔdəx]
une chambre simple	**een enkele kamer** [en 'ɛnkelə 'kamər]
une chambre double	**een tweepersoons kamer** [ən twē·pɛr'sōns 'kamər]
C'est combien?	**Hoeveel kost dat?** [huvēl kɔst dat?]
C'est un peu cher.	**Dat is nogal duur.** [dat is 'nɔxal dūr]

Avez-vous autre chose?	**Zijn er geen andere mogelijkheden?** [zɛjn ɛr xēn 'andere 'mɔxələkhedən?]
Je vais la prendre.	**Die neem ik.** [di nēm ik]
Je vais payer comptant.	**Ik betaal contant.** [ik bə'tāl kɔn'tant]

J'ai un problème.	**Ik heb een probleem.** [ik hɛp en prɔ'blēm]
Mon … est cassé /Ma … est cassée/	**Mijn … is stuk.** [mɛjn … is stʉk]
Mon /Ma/ … ne fonctionne pas.	**Mijn … doet het niet meer.** [mɛjn … dut ət nit mēr]
télé	**TV** [te've]
air conditionné	**airco** ['ɛrkɔ]
robinet	**kraan** [krãn]

douche	**douche** [duʃ]
évier	**lavabo** [lava'bɔ]
coffre-fort	**brandkast** [brantkast]

serrure de porte	**deurslot** ['dørslɔt]
prise électrique	**stopcontact** [stɔp kɔn'takt]
sèche-cheveux	**haardroger** [hār·drɔxər]

Je n'ai pas ...	**Ik heb geen ...** [ik hɛp xēn ...]
d'eau	**water** [watər]
de lumière	**licht** [lixt]
d'électricité	**stroom** [strōm]

Pouvez-vous me donner ...?	**Kunt u mij een ... bezorgen?** [kʉnt ju mɛj en ... bə'zɔrxən?]
une serviette	**een handdoek** [en 'handuk]
une couverture	**een deken** [en 'dekən]
des pantoufles	**pantoffels** [pan'tɔfəls]
une robe de chambre	**een badjas** [en badjas]
du shampoing	**shampoo** [ʃʌmpō]
du savon	**zeep** [zēp]

Je voudrais changer ma chambre.	**Ik wil van kamer veranderen.** [ik wil van 'kamər və'randerən]
Je ne trouve pas ma clé.	**Ik kan mijn sleutel niet vinden.** [ik kan mɛjn 'sløtel nit 'vindən]
Pourriez-vous ouvrir ma chambre, s'il vous plaît?	**Kunt u mijn kamer openen alstublieft?** [kʉnt ju mɛjn 'kamər 'ɔpenən alstʉ'blift?]
Qui est là?	**Wie is daar?** [wi is dār?]
Entrez!	**Kom binnen!** [kɔm 'binən!]
Une minute!	**Een ogenblikje!** [en 'ɔxənblikje!]
Pas maintenant, s'il vous plaît.	**Niet op dit moment alstublieft.** [nit ɔp dit mɔ'mɛnt alstʉ'blift]

Pouvez-vous venir à ma chambre, s'il vous plaît.	**Kom naar mijn kamer alstublieft.** [kɔm nār mɛjn 'kamər alstʉ'blift]
J'aimerais avoir le service d'étage.	**Kan ik room service krijgen.** [kan ik rōm 'søːrvis 'krɛjxən]
Mon numéro de chambre est le ...	**Mijn kamernummer is ...** [mɛjn 'kamər·'nʉmer is ...]

Je pars ...	**Ik vertrek ...** [ik vər'trɛk ...]
Nous partons ...	**Wij vertrekken ...** [wɛj vər'trɛkən ...]
maintenant	**nu onmiddellijk** [nʉ ɔn'midələk]
cet après-midi	**vanmiddag** [van'midax]
ce soir	**vanavond** [va'navɔnt]
demain	**morgen** ['mɔrxən]
demain matin	**morgenochtend** ['mɔrxən 'ɔxtənt]
demain après-midi	**morgenavond** [mɔrxən 'avɔnt]
après-demain	**overmorgen** [ɔvər'mɔrxən]

Je voudrais régler mon compte.	**Ik zou willen afrekenen.** [ik 'zau 'wilən 'afrekənən]
Tout était merveilleux.	**Alles was uitstekend.** [aləs was œyts'tekənt]
Où puis-je trouver un taxi?	**Waar kan ik een taxi nemen?** [wãr kan ik en 'taksi 'nemən?]
Pourriez-vous m'appeler un taxi, s'il vous plaît?	**Wil u alstublieft een taxi bestellen?** [wil ju alstʉ'blift en 'taksi bəs'tɛlən?]

Restaurant

Puis-je voir le menu, s'il vous plaît?

Kan ik het menu zien alstublieft?
[kan ik ǝt meˈnʉ zin alstʉˈblift?]

Une table pour une personne.

Een tafel voor één persoon.
[en ˈtafǝl vōr ǝn pɛrˈsōn]

Nous sommes deux (trois, quatre).

**We zijn met z'n tweeën
(drieën, vieren).**
[we zɛjn mɛt zǝn ˈtwēɛn
(ˈdriɛn, ˈvirǝn)]

Fumeurs

Roken
[ˈrɔkǝn]

Non-fumeurs

Niet roken
[nit ˈrɔkǝn]

S'il vous plaît!

Hallo! Pardon!
[halɔ! parˈdɔn!]

menu

menu
[meˈnʉ]

carte des vins

wijnkaart
[wɛjnkārt]

Le menu, s'il vous plaît.

Het menu alstublieft.
[hɛt meˈnʉ alstʉˈblift]

Êtes-vous prêts à commander?

Bent u zover om te bestellen?
[bɛnt ju ˈzɔvǝr ɔm tǝ bǝsˈtɛlǝn?]

Qu'allez-vous prendre?

Wat wenst u?
[wat wɛnst ju?]

Je vais prendre ...

Voor mij ...
[vōr mɛj ...]

Je suis végétarien.

Ik ben vegetariër.
[ik bɛn vexǝˈtarijǝr]

viande

vlees
[vlēs]

poisson

vis
[vis]

légumes

groente
[ˈxruntǝ]

Avez-vous des plats végétariens?

Hebt u vegetarische gerechten?
[hɛpt ju vexǝˈtarisǝ xǝˈrɛxtǝn?]

Je ne mange pas de porc.

Ik eet niet varkensvlees.
[ik ēt nit ˈvarkǝnsvlēs]

Il /elle/ ne mange pas de viande.

Hij /zij/ eet geen vlees.
[hɛj /zɛj/ ēt xēn vlēs]

Je suis allergique à ...

Ik ben allergisch voor ...
[ik bɛn a'lerxis võr ...]

Pourriez-vous m'apporter ...,
s'il vous plaît.

Wil u mij ... brengen
[wil ju mɛj ... b'rɛŋən]

le sel | le poivre | du sucre

zout | peper | suiker
[zaut | 'pepər | 'sœʏkər]

un café | un thé | un dessert

koffie | thee | dessert
[kɔfi | tẽ | dɛ'sɛːr]

de l'eau | gazeuse | plate

water | met prik | gewoon
[watər | mɛt prik | xə'wõn]

une cuillère | une fourchette | un couteau

een lepel | vork | mes
[en 'lepəl | vɔrk | mɛs]

une assiette | une serviette

een bord | servet
[en bɔrt | sɛr'vɛt]

Bon appétit!

Smakelijk!
[smakələk!]

Un de plus, s'il vous plaît.

Nog een alstublieft.
[nɔx en alstʉ'blift]

C'était délicieux.

Het was heerlijk.
[hɛt was 'hẽrlək]

---

l'addition | de la monnaie | le pourboire

rekening | wisselgeld | fooi
[rekəniŋ | 'wisəl·xɛlt | fõj]

L'addition, s'il vous plaît.

De rekening alstublieft.
[də 'rekəniŋ alstʉ'blift]

Puis-je payer avec la carte?

Kan ik met een creditcard betalen?
[kan ik mɛt en 'kredit·kart bə'talən?]

Excusez-moi, je crois qu'il y a une
erreur ici.

Sorry, hier is een fout.
[sɔri, hir iz en 'faut]

Shopping. Faire les Magasins

Est-ce que je peux vous aider?	**Waarmee kan ik u van dienst zijn?** [wār'mē kan ik ju van dinst zɛjn?]
Avez-vous … ?	**Hebt u …?** [hɛpt ju …?]
Je cherche …	**Ik zoek …** [ik zuk …]
Il me faut …	**Ik heb … nodig** [ik hɛp … 'nɔdəx]

Je regarde seulement, merci.	**Ik kijk even.** [ik kɛjk 'evən]
Nous regardons seulement, merci.	**Wij kijken even.** [wɛj 'kɛjkən 'evən]
Je reviendrai plus tard.	**Ik kom wat later terug.** [ik kɔm wat 'latər te'rʉx]
On reviendra plus tard.	**We komen later terug.** [we 'kɔmən 'latər te'rʉx]
Rabais | Soldes	**korting | uitverkoop** [kɔrtiŋ | 'œʏtverkōp]

Montrez-moi, s'il vous plaît …	**Kunt u mij … laten zien alstublieft?** [kʉnt ju mɛj … 'latən zin alstʉ'blift?]
Donnez-moi, s'il vous plaît …	**Kunt u mij … geven alstublieft?** [kʉnt ju mɛj … 'xevən alstʉ'blift?]
Est-ce que je peux l'essayer?	**Kan ik dit passen?** [kan ik dit 'pasən?]
Excusez-moi, où est la cabine d'essayage?	**Pardon, waar is de paskamer?** [par'dɔn, wār is də 'pas·kamər?]
Quelle couleur aimeriez-vous?	**Welke kleur wenst u?** ['wɛlkə 'klør wɛnst ju?]
taille | longueur	**maat | lengte** [māt | 'leŋtə]
Est-ce que la taille convient ?	**Past het?** [past ət?]

Combien ça coûte?	**Hoeveel kost het?** [huvēl kɔst ət?]
C'est trop cher.	**Dat is te duur.** [dat is tə dūr]
Je vais le prendre.	**Ik neem het.** [ik nēm ət]
Excusez-moi, où est la caisse?	**Pardon, waar moet ik betalen?** [par'dɔn, wār mut ik bə'talən?]

Payerez-vous comptant ou par carte de crédit?

Betaalt u contant of met een creditcard?
[bə'tālt ju kɔn'tant ɔf mɛt en 'kredit·kart?]

Comptant | par carte de crédit

contant | met een creditcard
[kɔn'tant | mɛt en 'kredit·kart]

Voulez-vous un reçu?

Wil u een kwitantie?
[wil ju en kwi'tantsi?]

Oui, s'il vous plaît.

Ja graag.
[ja xrāx]

Non, ce n'est pas nécessaire.

Nee, hoeft niet.
[nē, huft nit]

Merci. Bonne journée!

Bedankt. Een fijne dag verder!
[bə'dankt. en 'fɛjnə dax 'vɛrdər!]

En ville

Excusez-moi, ...	**Pardon, ...** [par'dɔn, ...]
Je cherche ...	**Ik ben op zoek naar ...** [ik bɛn ɔp zuk nār ...]
le métro	**de metro** [də 'metrɔ]
mon hôtel	**mijn hotel** [mɛjn hɔ'tɛl]
le cinéma	**de bioscoop** [də biɔ'skōp]
un arrêt de taxi	**een taxistandplaats** [en 'taksi·'stantplāts]
un distributeur	**een geldautomaat** [en xɛlt·autɔ'māt]
un bureau de change	**een wisselagent** [en 'wisəl·a'xɛnt]
un café internet	**een internet café** [en 'intərnɛt ka'fe]
la rue ...	**... straat** [... strāt]
cette place-ci	**dit adres** [dit ad'rɛs]
Savez-vous où se trouve ...?	**Weet u waar ... is?** [wēt ju wār ... is?]
Quelle est cette rue?	**Welke straat is dit?** [wɛlkə strāt is dit?]
Montrez-moi où sommes-nous, s'il vous plaît.	**Kunt u me aanwijzen waar we nu zijn?** [kʉnt ju mə 'ānwɛjzən wār wə nʉ zɛjn]
Est-ce que je peux y aller à pied?	**Kan ik er lopend naar toe?** [kan ik ɛr 'lɔpənt nār tu?]
Avez-vous une carte de la ville?	**Hebt u een plattegrond van de stad?** [hɛpt ju en platə'xrɔnt van də stat?]
C'est combien pour un ticket?	**Hoeveel kost de toegang?** [huvēl kɔst də 'tuxaŋ?]
Est-ce que je peux faire des photos?	**Kan ik hier foto's maken?** [kan ik hir 'fɔtɔs 'makən?]
Êtes-vous ouvert?	**Bent u open?** [bɛnt ju 'ɔpən?]

À quelle heure ouvrez-vous? | **Hoe laat gaat u open?**
[hu lāt xăt ju 'ɔpən?]

À quelle heure fermez-vous? | **Hoe laat sluit u?**
[hu lāt slœyt ju?]

L'argent

argent	**geld** [xɛlt]
argent liquide	**contant** [kɔn'tant]
des billets	**bankbiljetten** [bank·bi'ljetən]
petite monnaie	**kleingeld** [klɛjn·xɛlt]
l'addition | de la monnaie | le pourboire	**rekening | wisselgeld | fooi** [rekənin | 'wisəl·xɛlt | fōj]
carte de crédit	**creditcard** [kredit·kart]
portefeuille	**portemonnee** [pɔrtəmɔ'nē]
acheter	**kopen** ['kɔpən]
payer	**betalen** [bə'talən]
amende	**boete** ['butə]
gratuit	**gratis** [xratis]
Où puis-je acheter … ?	**Waar kan ik … kopen?** [wār kan ik … 'kɔpən?]
Est-ce que la banque est ouverte en ce moment?	**Is de bank nu open?** [is də bank nʉ 'ɔpən?]
À quelle heure ouvre-t-elle?	**Hoe laat gaat hij open?** [hu lāt xāt hɛj 'ɔpən?]
À quelle heure ferme-t-elle?	**Hoe laat sluit hij?** [hu lāt slœyt hɛj?]
C'est combien?	**Hoeveel?** [huvēl?]
Combien ça coûte?	**Hoeveel kost dit?** [huvēl kɔst dit?]
C'est trop cher.	**Dat is te duur.** [dat is tə dūr]
Excusez-moi, où est la caisse?	**Pardon, waar moet ik betalen?** [par'dɔn, wār mut ik bə'talən?]
L'addition, s'il vous plaît.	**De rekening alstublieft.** [də 'rekənin alstʉ'blift]

Puis-je payer avec la carte?

Kan ik met een creditcard betalen?
[kan ik mɛt en 'kredit·kart bə'talən?]

Est-ce qu'il y a un distributeur ici?

Is hier een geldautomaat?
[is hir en xɛlt·autɔ'māt?]

Je cherche un distributeur.

Ik zoek een geldautomaat.
[ik zuk en xɛlt·autɔ'māt]

Je cherche un bureau de change.

Ik zoek een wisselagent.
[ik zuk en 'wisəl a'xɛnt]

Je voudrais changer ...

Ik zou ... willen wisselen.
[ik 'zau ... 'wilən 'wisələn]

Quel est le taux de change?

Wat is de wisselkoers?
[wat is də 'wisəl·kurs?]

Avez-vous besoin de mon passeport?

Hebt u mijn paspoort nodig?
[hɛpt ju mɛjn 'paspōrt 'nɔdəx?]

Le temps

Quelle heure est-il?
Hoe laat is het?
[hu lāt is ət?]

Quand?
Wanneer?
[wa'nēr?]

À quelle heure?
Hoe laat?
[hu lāt?]

maintenant | plus tard | après ...
nu | later | na ...
[nʉ | 'latər | na ...]

une heure
een uur
[en ūr]

une heure et quart
kwart over een
[kwart 'ɔvər en]

une heure et demie
half twee
[half twē]

deux heures moins quart
kwart voor twee
[kwart vōr twē]

un | deux | trois
een | twee | drie
[en | twē | dri]

quatre | cinq | six
vier | vijf | zes
[vir | vɛjf | zɛs]

sept | huit | neuf
zeven | acht | negen
[zevən | axt | 'nexən]

dix | onze | douze
tien | elf | twaalf
[tin | ɛlf | twālf]

dans ...
binnen ...
['binən ...]

cinq minutes
vijf minuten
[vɛjf mi'nʉtən]

dix minutes
tien minuten
[tin mi'nʉtən]

quinze minutes
vijftien minuten
[vɛjftin mi'nʉtən]

vingt minutes
twintig minuten
[twintəx mi'nʉtən]

une demi-heure
een half uur
[en half ūr]

une heure
een uur
[en ūr]

dans la matinée	**s ochtends** [s 'ɔxtənts]
tôt le matin	**s ochtends vroeg** [s 'ɔxtənts vrux]
ce matin	**vanmorgen** [van'mɔrxən]
demain matin	**morgenochtend** ['mɔrxən 'ɔxtənt]
à midi	**in het midden van de dag** [in ət 'midən van də dax]
dans l'après-midi	**s middags** [s 'midaxs]
dans la soirée	**s avonds** [s 'avɔnts]
ce soir	**vanavond** [va'navɔnt]
la nuit	**s avonds** [s 'avɔnts]
hier	**gisteren** ['xistərən]
aujourd'hui	**vandaag** [van'dãx]
demain	**morgen** ['mɔrxən]
après-demain	**overmorgen** [ɔvər'mɔrxən]
Quel jour sommes-nous aujourd'hui?	**Wat is het vandaag?** [wat is ət van'dãx?]
Nous sommes …	**Het is …** [hɛt is …]
lundi	**maandag** [mãndax]
mardi	**dinsdag** [dinzdax]
mercredi	**woensdag** [wunzdax]
jeudi	**donderdag** [dɔndərdax]
vendredi	**vrijdag** [vrɛjdax]
samedi	**zaterdag** [zatərdax]
dimanche	**zondag** [zɔndax]

Salutations - Introductions

Bonjour.	**Hallo.** [halɔ]
Enchanté /Enchantée/	**Aangenaam.** [ānxənām]
Moi aussi.	**Insgelijks.** ['insxeleks]
Je voudrais vous présenter ...	**Mag ik u voorstellen aan ...** [max ik ju 'vōrstɛlen ān ...]
Ravi /Ravie/ de vous rencontrer.	**Aangenaam.** [ānxənām]

Comment allez-vous?	**Hoe gaat het met u?** [hu xāt et mɛt ju?]
Je m'appelle ...	**Ik heet ...** [ik hēt ...]
Il s'appelle ...	**Dit is ...** [dit is ...]
Elle s'appelle ...	**Dit is ...** [dit is ...]
Comment vous appelez-vous?	**Hoe heet u?** [hu hēt ju?]
Quel est son nom?	**Hoe heet hij?** [hu hēt hɛj?]
Quel est son nom?	**Hoe heet zij?** [hu hēt zɛj?]

Quel est votre nom de famille?	**Wat is uw achternaam?** [wat is ʉw 'axter·nām?]
Vous pouvez m'appeler ...	**Noem mij maar ...** [num mɛj mār ...]
D'où êtes-vous?	**Vanwaar komt u?** [van'wār kɔmt ju?]
Je suis de ...	**Ik kom van ...** [ik kɔm van ...]
Qu'est-ce que vous faites dans la vie?	**Wat is uw beroep?** [wat is ʉw bə'rup?]
Qui est-ce?	**Wie is dit?** [wi is dit?]
Qui est-il?	**Wie is hij?** [wi is hɛj?]
Qui est-elle?	**Wie is zij?** [wi is zɛj?]
Qui sont-ils?	**Wie zijn zij?** [wi zɛjn zɛj?]

C'est ...	**Dit is ...** [dit is ...]
mon ami	**mijn vriend** [mɛjn vrint]
mon amie	**mijn vriendin** [mɛjn vrin'din]
mon mari	**mijn man** [mɛjn man]
ma femme	**mijn vrouw** [mɛjn 'vrau]
mon père	**mijn vader** [mɛjn 'vadər]
ma mère	**mijn moeder** [mɛjn 'mudər]
mon frère	**mijn broer** [mɛjn brur]
ma sœur	**mijn zuster** [mɛjn 'zʉstər]
mon fils	**mijn zoon** [mɛjn zõn]
ma fille	**mijn dochter** [mɛjn 'dɔxtər]
C'est notre fils.	**Dit is onze zoon.** [dit is 'ɔnzə zõn]
C'est notre fille.	**Dit is onze dochter.** [dit is 'ɔnzə 'dɔxtər]
Ce sont mes enfants.	**Dit zijn mijn kinderen.** [dit zɛjn 'mɛjn 'kindərən]
Ce sont nos enfants.	**Dit zijn onze kinderen.** [dit zɛjn 'ɔnzə 'kindərən]

Les adieux

Au revoir! **Tot ziens!**
[tɔt zins!]

Salut! **Doei!**
[dui!]

À demain. **Tot morgen.**
[tɔt 'mɔrxən]

À bientôt. **Tot binnenkort.**
[tɔt binə'kɔrt]

On se revoit à sept heures. **Tot om zeven uur.**
[tɔt ɔm 'zevən ūr]

Amusez-vous bien! **Veel plezier!**
[vēl plə'zīr!]

On se voit plus tard. **Tot straks.**
[tɔt straks]

Bonne fin de semaine. **Prettig weekend.**
[prɛtəx 'wīkɛnt]

Bonne nuit. **Goede nacht.**
[xudə naxt]

Il est l'heure que je parte. **ik moet opstappen.**
[ik mut 'ɔpstapən]

Je dois m'en aller. **Ik moet weg.**
[ik mut wɛx]

Je reviens tout de suite. **ik ben zo terug.**
[ik bɛn zɔ te'rʉx]

Il est tard. **Het is al laat.**
[hɛt is al lāt]

Je dois me lever tôt. **Ik moet vroeg op.**
[ik mut vrux ɔp]

Je pars demain. **Ik vertrek morgen.**
[ik vər'trɛk 'mɔrxən]

Nous partons demain. **Wij vertrekken morgen.**
[wɛj vər'trɛkən 'mɔrxən]

Bon voyage! **Prettige reis!**
['prɛtixə rɛjs!]

Enchanté de faire votre connaissance. **Het was fijn u te leren kennen.**
[hɛt was fɛjn ju tə 'lerən 'kɛnən]

Heureux /Heureuse/ d'avoir parlé avec vous. **Het was een prettig gesprek.**
[hɛt was en 'prɛtəx xe'sprɛk]

Merci pour tout. **Dank u wel voor alles.**
[dank ju wɛl vōr 'aləs]

Je me suis vraiment amusé /amusée/	**ik heb ervan genoten.** [ik hɛp ɛr'van xe'nɔtən]
Nous nous sommes vraiment amusés /amusées/	**Wij hebben ervan genoten.** [wɛj 'hɛbən ɛr'van xə'nɔtən]
C'était vraiment plaisant.	**Het was bijzonder leuk.** [hɛt was bi'zɔndər 'løk]
Vous allez me manquer.	**Ik ga je missen.** [ik xa je 'misən]
Vous allez nous manquer.	**Wij gaan je missen.** [wɛj xān je 'misən]

Bonne chance!	**Veel succes!** [vēl sʉk'sɛs!]
Mes salutations à …	**De groeten aan …** [də 'xrutən ān …]

Une langue étrangère

Je ne comprends pas.	**Ik versta het niet.** [ik vər'sta ət nit]
Écrivez-le, s'il vous plaît.	**Schrijf het neer alstublieft.** [sxrɛjf ət nēr alstʉ'blift]
Parlez-vous ...?	**Spreekt u ...?** [sprēkt ju ...?]
Je parle un peu ...	**Ik spreek een beetje ...** [ik sprēk en 'bētjə ...]
anglais	**Engels** ['ɛŋəls]
turc	**Turks** [tʉrks]
arabe	**Arabisch** [a'rabis]
français	**Frans** [frans]
allemand	**Duits** [dœɤts]
italien	**Italiaans** [itali'āns]
espagnol	**Spaans** [spāns]
portugais	**Portugees** [pɔrtʉ'xēs]
chinois	**Chinees** [ʃi'nēs]
japonais	**Japans** [ja'pans]
Pouvez-vous le répéter, s'il vous plaît.	**Kunt u dat herhalen alstublieft.** [kʉnt ju dat hɛr'halən alstʉ'blift]
Je comprends.	**Ik versta het.** [ik vər'sta ət]
Je ne comprends pas.	**Ik versta het niet.** [ik vər'sta ət nit]
Parlez plus lentement, s'il vous plaît.	**Spreek wat langzamer alstublieft.** [sprēk wat 'laŋzamər alstʉ'blift]
Est-ce que c'est correct?	**Is dat juist?** [is dat jœɤst?]
Qu'est-ce que c'est?	**Wat is dit?** [wat is dit?]

Les excuses

Excusez-moi, s'il vous plaît.	**Excuseer me alstublieft.** [ɛkskʉ'zēr mə alstʉ'blift]
Je suis désolé /désolée/	**Sorry.** ['sɔri]
Je suis vraiment /désolée/	**Het spijt me.** [hɛt spɛjt mə]
Désolé /Désolée/, c'est ma faute.	**Sorry, het is mijn schuld.** [sɔri, hɛt is mɛjn sxʉlt]
Au temps pour moi.	**Mijn schuld.** [mɛjn sxʉlt]

Puis-je … ?	**Mag ik …?** [max ik …?]
Ça vous dérange si je …?	**Is het goed dat …?** [iz ət xut dat …?]
Ce n'est pas grave.	**Het is okay.** [hɛt is ɔ'kɛj]
Ça va.	**Maakt niet uit.** [mākt nit œʏt]
Ne vous inquiétez pas.	**Maak je geen zorgen.** [māk je xēn 'zɔrxən]

Les accords

Oui	**Ja.** [ja]
Oui, bien sûr.	**Ja zeker.** [ja 'zekər]
Bien.	**Goed!** [xut!]
Très bien.	**Uitstekend.** [œʏt'stekənt]
Bien sûr!	**Zeker weten!** ['zekər 'wetən!]
Je suis d'accord.	**Ik ga akkoord.** [ik xa a'kört]
C'est correct.	**Precies.** [prə'sis]
C'est exact.	**Juist.** [jœyst]
Vous avez raison.	**Je hebt gelijk.** [je hɛpt xə'lɛjk]
Je ne suis pas contre.	**Ik doe het graag.** [ik du ət xrãx]
Tout à fait correct.	**Dat is juist.** [dat is jœyst]
C'est possible.	**Dat is mogelijk.** [dat is 'moxələk]
C'est une bonne idée.	**Dat is een goed idee.** [dat is en xut i'dē]
Je ne peux pas dire non.	**Ik kan niet nee zeggen.** [ik kan nit nē 'zɛxən]
J'en serai ravi /ravie/	**Met genoegen.** [mɛt xə'nuxən]
Avec plaisir.	**Graag.** [xrãx]

Refus, exprimer le doute

Non
Nee.
[nē]

Absolument pas.
Beslist niet.
[bəs'list nit]

Je ne suis pas d'accord.
Daar ben ik het niet mee eens.
[dār bɛn ik ət nit mē ēns]

Je ne le crois pas.
Dat geloof ik niet.
[dat ẋe'lōf ik nit]

Ce n'est pas vrai.
Dat is niet waar.
[dat is nit wār]

Vous avez tort.
U maakt een fout.
[ju mākt en 'faut]

Je pense que vous avez tort.
Ik denk dat u een fout maakt.
[ik dɛnk dat ju en 'faut mākt]

Je ne suis pas sûr /sûre/
Ik weet het niet zeker.
[ik wēt ət nit 'zekər]

C'est impossible.
Het is onmogelijk.
[hɛt is ɔn'mɔẋələk]

Pas du tout!
Beslist niet!
[bəs'list nit!]

Au contraire!
Precies het tegenovergestelde!
[prə'sis hɛt 'texən·'ɔvərẋɛstɛldə!]

Je suis contre.
Ik ben er tegen.
[ik bɛn ɛr 'texən]

Ça m'est égal.
Ik geef er niet om.
[ik ẋēf ɛr nit ɔm]

Je n'ai aucune idée.
Ik heb geen idee.
[ik hɛp ẋēn i'dē]

Je doute que cela soit ainsi.
Dat betwijfel ik.
[dat bet'wɛjfəl ik]

Désolé /Désolée/, je ne peux pas.
Sorry, ik kan niet.
[sɔri, ik kan nit]

Désolé /Désolée/, je ne veux pas.
Sorry, ik wil niet.
['sɔri, ik wil nit]

Merci, mais ça ne m'intéresse pas.
Dank u, maar ik heb dit niet nodig.
[dank ju, mār ik hɛp dit nit 'nɔdəẋ]

Il se fait tard.
Het wordt laat.
[hɛt wɔrt lāt]

Je dois me lever tôt.

Ik moet vroeg op.
[ik mut vrux ɔp]

Je ne me sens pas bien.

Ik voel me niet lekker.
[ik vul mə nit 'lɛkər]

Exprimer la gratitude

Merci.	**Bedankt.** [bə'dankt]
Merci beaucoup.	**Heel erg bedankt.** [hēl ɛrx bə'dankt]
Je l'apprécie beaucoup.	**Ik stel dit zeer op prijs.** [ik stel dit zēr ɔp prɛjs]
Je vous suis très reconnaissant.	**Ik ben u erg dankbaar.** [ik bɛn ju ɛrx 'dankbār]
Nous vous sommes très reconnaissant.	**Wij zijn u erg dankbaar.** [wɛj zɛjn ju ɛrx 'dankbār]

Merci pour votre temps.	**Bedankt voor uw tijd.** [bə'dankt vōr ɯw tɛjt]
Merci pour tout.	**Dank u wel voor alles.** [dank ju wɛl vōr 'aləs]
Merci pour ...	**Bedankt voor ...** [bə'dankt vōr ...]
votre aide	**uw hulp** [ɯw hɯlp]
les bons moments passés	**een leuke dag** [en 'løkə dax]

un repas merveilleux	**een heerlijke maaltijd** [en 'hērlɛkə 'māltɛjt]
cette agréable soirée	**een prettige avond** [en 'prɛtixə 'avɔnt]
cette merveilleuse journée	**een prettige dag** [en 'prɛtixə dax]
une excursion extraordinaire	**een fantastische reis** [en fan'tastise rɛjs]

Il n'y a pas de quoi.	**Graag gedaan.** [xrāx xə'dān]
Vous êtes les bienvenus.	**Graag gedaan.** [xrāx xə'dān]
Mon plaisir.	**Graag gedaan.** [xrāx xə'dān]
J'ai été heureux /heureuse/ de vous aider.	**Tot uw dienst.** [tɔt ɯw dinst]
Ça va. N'y pensez plus.	**Graag gedaan.** [xrāx xə'dān]
Ne vous inquiétez pas.	**Maak je geen zorgen.** [māk je xēn 'zɔrxən]

Félicitations. Vœux de fête

Félicitations!

Gefeliciteerd!
[xəfelisi'tērt!]

Joyeux anniversaire!

Gefeliciteerd met je verjaardag!
[xəfelisi'tērt mɛt je və'rjārdax!]

Joyeux Noël!

Prettig Kerstfeest!
[prɛtəx 'kɛrstfēst!]

Bonne Année!

Gelukkig Nieuwjaar!
[xə'lʉkəx 'niu'jār!]

Joyeuses Pâques!

Vrolijk Paasfeest!
[vrɔlək 'pāsfēst!]

Joyeux Hanoukka!

Gelukkig Chanoeka!
[xə'lʉkəx 'xanuka!]

Je voudrais proposer un toast.

Ik wil een heildronk uitbrengen.
[ik wil en 'hɛjldrɔnk 'œytbreŋen]

Santé!

Proost!
[prōst!]

Buvons à ...!

Laten we drinken op ...!
[latən we 'drinkən ɔp ... !]

À notre succès!

Op ons succes!
[ɔp ɔns sʉk'sɛs!]

À votre succès!

Op uw succes!
[ɔp ʉw sʉk'sɛs!]

Bonne chance!

Veel succes!
[vēl sʉk'sɛs!]

Bonne journée!

Een prettige dag!
[en 'prɛtixə dax!]

Passez de bonnes vacances !

Een prettige vakantie!
[en 'prɛtixə va'kantsi!]

Bon voyage!

Een veilige reis!
[en 'vɛjlixə rɛjs!]

Rétablissez-vous vite.

Ik hoop dat u gauw weer beter bent!
[ik hōp dat ju 'xau wēr 'betər bɛnt!]

Socialiser

Pourquoi êtes-vous si triste?	**Waarom zie je er zo verdrietig uit?** [wã'rɔm zi je ɛr zɔ vər'dritəx œɣt?]
Souriez!	**Lach eens! Wees vrolijk!** [lax ēns! wēs 'vrɔlək!]
Êtes-vous libre ce soir?	**Ben je vrij vanavond?** [bɛn je vrɛj va'navɔnt?]

Puis-je vous offrir un verre?	**Mag ik je een drankje aanbieden?** [max ik je en 'drankje 'ānbidən?]
Voulez-vous danser?	**Zullen we eens dansen?** [zʉlən we ēns 'dansən?]
Et si on va au cinéma?	**Laten we naar de bioscoop gaan.** [latən we nãr də biɔ'skōp xãn]

Puis-je vous inviter ...	**Mag ik je uitnodigen naar ...?** [max ik je 'œɣtnɔdixən nãr ...?]
au restaurant	**een restaurant** [en rɛstɔ'ran]
au cinéma	**de bioscoop** [də biɔ'skōp]
au théâtre	**het theater** [hɛt te'ater]
pour une promenade	**een wandeling** [en 'wandəliŋ]

À quelle heure?	**Hoe laat?** [hu lãt?]
ce soir	**vanavond** [va'navɔnt]
à six heures	**om zes uur** [ɔm zɛs ūr]
à sept heures	**om zeven uur** [ɔm 'zevən ūr]
à huit heures	**om acht uur** [ɔm axt ūr]
à neuf heures	**om negen uur** [ɔm 'nexən ūr]

Est-ce que vous aimez cet endroit?	**Vind u het hier leuk?** [vint ju ət hir 'løk?]
Êtes-vous ici avec quelqu'un?	**Bent u hier met iemand?** [bɛnt ju hir mɛt i'mant?]
Je suis avec mon ami.	**Ik ben met mijn vriend.** [ik bɛn mɛt mɛjn vrint]

Je suis avec mes amis.

Ik ben met mijn vrienden.
[ik bɛn mɛt mɛjn 'vrindən]

Non, je suis seul /seule/

Nee, ik ben alleen.
[ik bɛn a'lēn]

As-tu un copain?

Heb jij een vriendje?
[hɛp jɛj en 'vrindje?]

J'ai un copain.

Ik heb een vriendje.
[ik hɛp en 'vrindje]

As-tu une copine?

Heb jij een vriendin?
[hɛp jɛj en vrin'din?]

J'ai une copine.

Ik heb een vriendin.
[ik hɛp en vrin'din]

Est-ce que je peux te revoir?

Kan ik je weer eens zien?
[kan ik je wēr ēns zin?]

Est-ce que je peux t'appeler?

Mag ik je opbellen?
[max ik je ɔ'bɛlən?]

Appelle-moi.

Bel me op.
[bɛl mə ɔp]

Quel est ton numéro?

Wat is je nummer?
[wat is je 'nʉmər?]

Tu me manques.

Ik mis je.
[ik mis je]

Vous avez un très beau nom.

U hebt een mooie naam.
[ju hɛpt en mōje nām]

Je t'aime.

Ik hou van jou.
[ik 'hau van 'jau]

Veux-tu te marier avec moi?

Wil je met me trouwen?
[wil je mɛt me 'trauwən?]

Vous plaisantez!

Dat meen je niet!
[dat mēn je nit!]

Je plaisante.

Grapje.
[xrapje]

Êtes-vous sérieux /sérieuse/?

Meen je dat?
[mēn je dat?]

Je suis sérieux /sérieuse/

Ik meen het.
[ik mēn ət]

Vraiment?!

Heus waar?!
[høs wār?!]

C'est incroyable!

Dat is ongelooflijk!
[dat is ɔnxə'lōflək!]

Je ne vous crois pas.

Ik geloof je niet.
[ik xə'lōf je nit]

Je ne peux pas.

Ik kan niet.
[ik kan nit]

Je ne sais pas.

Ik weet het niet.
[ik wēt ət nit]

Je ne vous comprends pas

Ik versta u niet.
[ik vər'sta ju nit]

Laissez-moi! Allez-vous-en!	**Ga alstublieft weg.** [xa alstu'blift wɛx]
Laissez-moi tranquille!	**Laat me gerust!** [lãt mə xə'rʊst!]

Je ne le supporte pas.	**Ik kan hem niet uitstaan.** [ik kan hɛm nit 'œytstãn]
Vous êtes dégoûtant!	**U bent een smeerlap!** [ju bɛnt en 'smērlap!]
Je vais appeler la police!	**Ik ga de politie bellen!** [ik xa də po'litsi 'bɛlən!]

Partager des impressions. Émotions

J'aime ça.	**Dat vind ik fijn.** [dat vint ik fɛjn]
C'est gentil.	**Heel mooi.** [hēl mōj]
C'est super!	**Wat leuk!** [wat 'løk!]
C'est assez bien.	**Dat is niet slecht.** [dat is nit slɛxt]

Je n'aime pas ça.	**Daar houd ik niet van.** [dār 'haut ik nit van]
Ce n'est pas bien.	**Dat is niet goed.** [dat is nit xut]
C'est mauvais.	**Het is slecht.** [hɛt is slɛxt]
Ce n'est pas bien du tout.	**Het is heel slecht.** [hɛt is hēl slɛxt]
C'est dégoûtant.	**Het is smerig.** [hɛt is 'smerǝx]

Je suis content /contente/	**Ik ben blij.** [ik bɛn blɛj]
Je suis heureux /heureuse/	**Ik ben tevreden.** [ik bɛn tǝv'redǝn]
Je suis amoureux /amoureuse/	**ik ben verliefd.** [ik bɛn vǝr'lift]
Je suis calme.	**Ik voel me rustig.** [ik vul mǝ 'rʉstǝx]
Je m'ennuie.	**Ik verveel me.** [ik vǝr'vēl mǝ]

Je suis fatigué /fatiguée/	**Ik ben moe.** [ik bɛn mu]
Je suis triste.	**Ik ben verdrietig.** [ik bɛn vǝr'dritǝx]
J'ai peur.	**Ik ben bang.** [ik bɛn baŋ]

Je suis fâché /fâchée/	**Ik ben kwaad.** [ik bɛn kwãt]
Je suis inquiet /inquiète/	**Ik ben bezorgd.** [ik bɛn bǝ'zɔrxt]
Je suis nerveux /nerveuse/	**Ik ben zenuwachtig.** [ik bɛn 'zenʉwaxtǝx]

Je suis jaloux /jalouse/ **Ik ben jaloers.**
[ik bɛn ja'lurs]

Je suis surpris /surprise/ **Het verwondert me.**
[hɛt vər'wɔndərt mə]

Je suis gêné /gênée/ **Ik sta paf.**
[ik sta paf]

Problèmes. Accidents

J'ai un problème.	**Ik heb een probleem.** [ik hɛp ən prɔ'blēm]
Nous avons un problème.	**Wij hebben een probleem.** [wɛj 'hɛbən en prɔ'blēm]
Je suis perdu /perdue/	**Ik ben de weg kwijt.** [ik bɛn də wɛx kwɛjt]
J'ai manqué le dernier bus (train).	**Ik heb de laatste bus (trein) gemist.** [ik hɛp də 'lātstə bus (trɛjn) xə'mist]
Je n'ai plus d'argent.	**Ik heb geen geld meer.** [ik hɛp xēn xɛlt mēr]

J'ai perdu mon ...	**Ik heb mijn ... verloren** [ik hɛp mɛjn ... vər'lɔrən]
On m'a volé mon ...	**Iemand heeft mijn ... gestolen** [imant hēft mɛjn ... xəs'tɔlən]
passeport	**paspoort** [paspōrt]
portefeuille	**portemonnee** [pɔrtəmɔ'nē]
papiers	**papieren** [pa'pirən]
billet	**kaartje** [kārtjə]

argent	**geld** [xɛlt]
sac à main	**tas** [tas]
appareil photo	**camera** [kaməra]
portable	**laptop** ['lɛptɔp]
ma tablette	**tablet** [tab'lɛt]
mobile	**mobieltje** [mɔ'biltjə]

Au secours!	**Help!** [hɛlp!]
Qu'est-il arrivé?	**Wat is er aan de hand?** [wat is ɛr ān də hant?]
un incendie	**brand** [brant]

des coups de feu	**er wordt geschoten** [ɛr wɔrt xəs'xɔtən]
un meurtre	**moord** [mõrt]
une explosion	**ontploffing** [ɔntp'lɔfiŋ]
une bagarre	**gevecht** [xə'vɛxt]

Appelez la police!	**Bel de politie!** [bɛl də pɔ'litsi!]
Dépêchez-vous, s'il vous plaît!	**Opschieten alstublieft!** [ɔpsxitən alstʉ'blift!]
Je cherche le commissariat de police.	**Ik zoek het politiebureau.** [ik zuk ət pɔ'litsi bʉ'rɔ]
Il me faut faire un appel.	**Ik moet opbellen.** [ik mut ɔ'bɛlən]
Puis-je utiliser votre téléphone?	**Mag ik uw telefoon gebruiken?** [max ik ʉw telə'fõn xe'brœykən?]

J'ai été …	**Ik ben …** [ik bɛn …]
agressé /agressée/	**overvallen** [ɔvər'valən]
volé /volée/	**bestolen** [bəs'tɔlən]
violée	**verkracht** [vərk'raxt]
attaqué /attaquée/	**aangevallen** [ānxəvalən]

Est-ce que ça va?	**Gaat het?** [xāt ət?]
Avez-vous vu qui c'était?	**Hebt u gezien wie het was?** [hɛpt ju xə'zin wi ət was?]
Pourriez-vous reconnaître cette personne?	**Zou u de persoon kunnen herkennen?** [zau ju də pɛr'sõn 'kʉnən hɛr'kɛnən?]
Vous êtes sûr?	**Bent u daar zeker van?** [bɛnt ju dār 'zekər van?]

Calmez-vous, s'il vous plaît.	**Rustig aan alstublieft.** [rʉstəx ān alstʉ'blift]
Calmez-vous!	**Kalm aan!** [kalm ān!]

Ne vous inquiétez pas.	**Maak je geen zorgen!** [māk je xēn 'zɔrxən!]
Tout ira bien.	**Alles komt in orde.** [aləs kɔmt in 'ɔrdə]
Ça va. Tout va bien.	**Alles is in orde.** [aləs iz in 'ɔrdə]

Venez ici, s'il vous plaît.	**Kom hier alstublieft.** [kɔm hir alstʉ'blift]
J'ai des questions à vous poser.	**Ik heb een paar vragen voor u.** [ik hɛp en pãr 'vraxən võr ju]
Attendez un moment, s'il vous plaît.	**Een ogenblikje alstublieft.** [en 'ɔxənblikje alstʉ'blift]
Avez-vous une carte d'identité?	**Hebt u een ID-kaart?** [hɛpt ju en aj'di-kãrt?]
Merci. Vous pouvez partir maintenant.	**Dank u. U mag nu vertrekken.** [dank ju. ju max nʉ vər'trɛkən]
Les mains derrière la tête!	**Handen achter uw hoofd!** [handən 'axtər ʉw hõft!]
Vous êtes arrêté!	**U bent onder arrest!** [ju bɛnt 'ɔndər a'rɛst!]

Problèmes de santé

Aidez-moi, s'il vous plaît.	**Kunt u mij helpen alstublieft?** [kʉnt ju mɛj 'hɛlpən alstʉ'blift]
Je ne me sens pas bien.	**Ik voel me niet goed.** [ik vul mə nit xut]
Mon mari ne se sent pas bien.	**Mijn man voelt zich niet goed.** [mɛjn man vult zix nit xut]
Mon fils ...	**Mijn zoon ...** [mɛjn zōn ...]
Mon père ...	**Mijn vader ...** [mɛjn 'vadər ...]
Ma femme ne se sent pas bien.	**Mijn vrouw voelt zich niet goed.** [mɛjn 'vrau vult zix nit xut]
Ma fille ...	**Mijn dochter ...** [mɛjn 'dɔxtər ...]
Ma mère ...	**Mijn moeder ...** [mɛjn 'mudər ...]
J'ai mal ...	**Ik heb ...** [ik hɛp ...]
à la tête	**hoofdpijn** [hōftpɛjn]
à la gorge	**keelpijn** [kēlpɛjn]
à l'estomac	**maagpijn** [māxpɛjn]
aux dents	**tandpijn** [tantpɛjn]
J'ai le vertige.	**Ik voel me duizelig.** [ik vul mə 'dœyzələx]
Il a de la fièvre.	**Hij heeft koorts.** [hɛj hēft kōrts]
Elle a de la fièvre.	**Zij heeft koorts.** [zɛj hēft kōrts]
Je ne peux pas respirer.	**Ik heb moeite met ademen.** [ik hɛp 'mujtə mɛt 'adəmən]
J'ai du mal à respirer.	**Ik ben kortademig.** [ik bɛn kɔ'rtadəməx]
Je suis asthmatique.	**Ik ben astmatisch.** [ik bɛn astm'atis]
Je suis diabétique.	**Ik ben diabeet.** [ik bɛn 'diabēt]

Je ne peux pas dormir.	**Ik kan niet slapen.** [ik kan nit 'slapən]
intoxication alimentaire	**voedselvergiftiging** [vutsəl·vər'xiftəxiŋ]

Ça fait mal ici.	**Het doet hier pijn.** [hɛt dut hir pɛjn]
Aidez-moi!	**Help!** [hɛlp!]
Je suis ici!	**Ik ben hier!** [ik bɛn hir!]
Nous sommes ici!	**Wij zijn hier!** [wɛj zɛjn hir!]
Sortez-moi d'ici!	**Kom mij halen!** [kɔm mɛj 'halən!]
J'ai besoin d'un docteur.	**Ik heb een dokter nodig.** [ik hɛp en 'dɔktər 'nɔdəx]
Je ne peux pas bouger!	**Ik kan me niet bewegen.** [ik kan mə nit bə'wexən]
Je ne peux pas bouger mes jambes.	**Ik kan mijn benen niet bewegen.** [ik kan mɛjn 'benən nit bə'wexən]

Je suis blessé /blessée/	**Ik heb een wond.** [ik hɛp en wɔnt]
Est-ce que c'est sérieux?	**Is het erg?** [iz ət ɛrx?]
Mes papiers sont dans ma poche.	**Mijn documenten zijn in mijn zak.** [mɛjn dokʉ'mɛntən zɛjn in mɛjn zak]
Calmez-vous!	**Rustig maar!** [rʉstəx mār!]
Puis-je utiliser votre téléphone?	**Mag ik uw telefoon gebruiken?** [max ik ʉw telə'fōn xe'brœʏkən?]

Appelez une ambulance!	**Bel een ambulance!** [bɛl en ambʉ'lansə!]
C'est urgent!	**Het is dringend!** [hɛt is 'driŋənt!]
C'est une urgence!	**Het is een noodgeval!** [hɛt is en 'nōtxəval!]
Dépêchez-vous, s'il vous plaît!	**Opschieten alstublieft!** [ɔpsxitən alstʉ'blift!]
Appelez le docteur, s'il vous plaît.	**Kunt u alstublieft een dokter bellen?** [kʉnt ju alstʉ'blift en 'dɔktər 'bɛlən?]
Où est l'hôpital?	**Waar is het ziekenhuis?** [wār iz ət 'zikənhœʏs?]

Comment vous sentez-vous?	**Hoe voelt u zich?** [hu vult ju zix?]
Est-ce que ça va?	**Hoe gaat het?** [hu xāt ət?]
Qu'est-il arrivé?	**Wat is er gebeurd?** [wat is ɛr xə'børt?]

Je me sens mieux maintenant.

Ik voel me nu wat beter.
[ik vul mə nu wat 'betər]

Ça va. Tout va bien.

Het is okay.
[hɛt is ɔ'kɛj]

Ça va.

Het gaat beter.
[hɛt xāt 'betər]

À la pharmacie

pharmacie

apotheek
[apɔ'tēk]

pharmacie 24 heures

dag en nacht apotheek
[dax en naxt apɔ'tēk]

Où se trouve la pharmacie
la plus proche?

**Waar is de meest nabij gelegen
apotheek?**
[wār is də mēst na'bɛj xə'lexən
apɔ'tēk?]

Est-elle ouverte en ce moment?

Is hij nu open?
[is hɛj nʉ 'ɔpən?]

À quelle heure ouvre-t-elle?

Hoe laat gaat hij open?
[hu lāt xāt hɛj 'ɔpən?]

à quelle heure ferme-t-elle?

Hoe laat sluit hij?
[hu lāt slœʏt hɛj?]

C'est loin?

Is het ver?
[iz ət vɛr?]

Est-ce que je peux y aller à pied?

Kan ik er lopend naar toe?
[kan ik ɛr 'lɔpənt nār tu?]

Pouvez-vous me le montrer
sur la carte?

**Kunt u het op de plattegrond
aanwijzen?**
[kʉnt ju ət ɔp də platə'xrɔnt
'ānwɛjzən?]

Pouvez-vous me donner quelque
chose contre ...

Geef mij alstublieft iets voor ...
[xēf mɛj alstʉ'blift its vōr ...]

le mal de tête

hoofdpijn
[hōftpɛjn]

la toux

hoest
[hust]

le rhume

verkoudheid
[vər'kauthɛjt]

la grippe

de griep
[də xrip]

---

la fièvre

koorts
[kōrts]

un mal d'estomac

maagpijn
[māxpɛjn]

la nausée

misselijkheid
['misələkhɛjt]

la diarrhée

diarree
[dia'rē]

la constipation	**constipatie** [kɔnsti'patsi]
un mal de dos	**rugpijn** [rʉxpɛjn]
les douleurs de poitrine	**pijn in mijn borst** [pɛjn in mɛjn bɔrst]
les points de côté	**steek in de zij** [stēk in də zɛj]
les douleurs abdominales	**pijn in mijn onderbuik** [pɛjn in mɛjn 'ɔndərbœʏk]

une pilule	**pil** [pil]
un onguent, une crème	**zalf, crème** [zalf, krɛ:m]
un sirop	**stroop** [strōp]
un spray	**verstuiver** [vərstœʏvər]
les gouttes	**druppels** [drʉpəls]

Vous devez allez à l'hôpital.	**U moet naar het ziekenhuis.** [ju mut nār ət 'zikənhœʏs]
assurance maladie	**ziektekostenverzekering** [ziktəkɔstən·vər'zekəriŋ]
prescription	**voorschrift** [vōrsxrift]
produit anti-insecte	**anti-insecten middel** [anti-in'sɛktən 'midəl]
bandages adhésifs	**pleister** ['plɛjstər]

Les essentiels

Excusez-moi, ...	**Pardon, ...** [par'dɔn, ...]
Bonjour	**Hallo.** [halɔ]
Merci	**Bedankt.** [bə'dankt]
Au revoir	**Tot ziens.** [tɔt zins]
Oui	**Ja.** [ja]
Non	**Nee.** [nē]
Je ne sais pas.	**Ik weet het niet.** [ik wēt ət nit]
Où?	Où?	Quand?	**Waar?	Waarheen?	Wanneer?** [wār?	wār'hēn?	wa'nēr?]
J'ai besoin de ...	**Ik heb ... nodig** [ik hɛp ... 'nɔdəx]
Je veux ...	**Ik wil ...** [ik wil ...]
Avez-vous ... ?	**Hebt u ...?** [hɛpt ju ...?]
Est-ce qu'il y a ... ici?	**Is hier een ...?** [is hir en ...?]
Puis-je ... ?	**Mag ik ...?** [max ik ...?]
s'il vous plaît (pour une demande)	**... alstublieft** [... alstʉ'blift]
Je cherche ...	**Ik zoek ...** [ik zuk ...]
les toilettes	**toilet** [twa'lɛt]
un distributeur	**geldautomaat** [xɛlt·autɔ'māt]
une pharmacie	**apotheek** [apo'tēk]
l'hôpital	**ziekenhuis** [zikənhœys]
le commissariat de police	**politiebureau** [pɔ\'litsi bʉ\'rɔ]
une station de métro	**metro** ['metrɔ]

un taxi	**taxi** [taksi]
la gare	**station** [sta'tsjɔn]

Je m'appelle ...	**Ik heet ...** [ik hēt ...]
Comment vous appelez-vous?	**Hoe heet u?** [hu hēt ju?]
Aidez-moi, s'il vous plaît.	**Kunt u me helpen alstublieft?** [kʉnt ju mə 'hɛlpən alstʉ'blift?]
J'ai un problème.	**Ik heb een probleem.** [ik hɛp ən prɔ'blēm]
Je ne me sens pas bien.	**Ik voel me niet goed.** [ik vul mə nit xut]
Appelez une ambulance!	**Bel een ambulance!** [bɛl en ambʉ'lansə!]
Puis-je faire un appel?	**Mag ik opbellen?** [max ik ɔ'bɛlən?]

Excusez-moi.	**Sorry.** ['sɔri]
Je vous en prie.	**Graag gedaan.** [xrᾶx xə'dᾶn]

je, moi	**Ik, mij** [ik, mɛj]
tu, toi	**jij** [jɛj]
il	**hij** [hɛj]
elle	**zij** [zɛj]
ils	**zij** [zɛj]
elles	**zij** [zɛj]
nous	**wij** [wɛj]
vous	**jullie** ['juli]
Vous	**u** [ju]

ENTRÉE	**INGANG** [inxaŋ]
SORTIE	**UITGANG** [œytxaŋ]
HORS SERVICE | EN PANNE	**BUITEN GEBRUIK** [bœytən xə'brœvk]
FERMÉ	**GESLOTEN** [xə'slɔtən]

OUVERT	**OPEN** ['ɔpən]
POUR LES FEMMES	**DAMES** [daməs]
POUR LES HOMMES	**HEREN** ['herən]

MINI DICTIONNAIRE

Cette section contient
250 mots, utiles nécessaires
à la communication
quotidienne.
Vous y trouverez le nom
des mois et des jours.
Le dictionnaire contient
aussi des sujets aussi variés
que les couleurs, les unités
de mesure, la famille et plus

T&P Books Publishing

CONTENU DU DICTIONNAIRE

T&P Books Publishing

temps (m)	tijd (de)	[tɛjt]
heure (f)	uur (het)	[ūr]
demi-heure (f)	halfuur (het)	[half 'ūr]
minute (f)	minuut (de)	[mi'nūt]
seconde (f)	seconde (de)	[se'kɔndə]
aujourd'hui (adv)	vandaag	[van'dāx]
demain (adv)	morgen	['mɔrxən]
hier (adv)	gisteren	['xistərən]
lundi (m)	maandag (de)	['māndax]
mardi (m)	dinsdag (de)	['dinsdax]
mercredi (m)	woensdag (de)	['wunsdax]
jeudi (m)	donderdag (de)	['dɔndərdax]
vendredi (m)	vrijdag (de)	['vrɛjdax]
samedi (m)	zaterdag (de)	['zatərdax]
dimanche (m)	zondag (de)	['zɔndax]
jour (m)	dag (de)	[dax]
jour (m) ouvrable	werkdag (de)	['wɛrk·dax]
jour (m) férié	feestdag (de)	['fēst·dax]
week-end (m)	weekend (het)	['wikənt]
semaine (f)	week (de)	[wēk]
la semaine dernière	vorige week	['vɔrixə wēk]
la semaine prochaine	volgende week	['vɔlxəndə wēk]
le matin	's morgens	[s 'mɔrxəns]
dans l'après-midi	's middags	[s 'midax]
le soir	's avonds	[s 'avɔnts]
ce soir	vanavond	[va'navɔnt]
la nuit	's nachts	[s naxts]
minuit (f)	middernacht (de)	['midər·naxt]
janvier (m)	januari (de)	[janɥ'ari]
février (m)	februari (de)	[febrɥ'ari]
mars (m)	maart (de)	[mārt]
avril (m)	april (de)	[ap'ril]
mai (m)	mei (de)	[mɛj]
juin (m)	juni (de)	['juni]
juillet (m)	juli (de)	['juli]
août (m)	augustus (de)	[au'xɥstɥs]

septembre (m)	**september (de)**	[sɛp'tɛmbər]
octobre (m)	**oktober (de)**	[ɔk'tobər]
novembre (m)	**november (de)**	[nɔ'vɛmbər]
décembre (m)	**december (de)**	[de'sɛmbər]
au printemps	**in de lente**	[in də 'lɛntə]
en été	**in de zomer**	[in də 'zɔmər]
en automne	**in de herfst**	[in də hɛrfst]
en hiver	**in de winter**	[in də 'wintər]
mois (m)	**maand (de)**	[mãnt]
saison (f)	**seizoen (het)**	[sɛj'zun]
année (f)	**jaar (het)**	[jãr]

2. Nombres. Adjectifs numéraux

zéro	**nul**	[nʉl]
un	**een**	[en]
deux	**twee**	[twẽ]
trois	**drie**	[dri]
quatre	**vier**	[vir]
cinq	**vijf**	[vɛjf]
six	**zes**	[zɛs]
sept	**zeven**	['zevən]
huit	**acht**	[axt]
neuf	**negen**	['nexən]
dix	**tien**	[tin]
onze	**elf**	[ɛlf]
douze	**twaalf**	[twãlf]
treize	**dertien**	['dɛrtin]
quatorze	**veertien**	['vẽrtin]
quinze	**vijftien**	['vɛjftin]
seize	**zestien**	['zɛstin]
dix-sept	**zeventien**	['zevəntin]
dix-huit	**achttien**	['axtin]
dix-neuf	**negentien**	['nexəntin]
vingt	**twintig**	['twintəx]
trente	**dertig**	['dɛrtəx]
quarante	**veertig**	['vẽrtəx]
cinquante	**vijftig**	['vɛjftəx]
soixante	**zestig**	['zɛstəx]
soixante-dix	**zeventig**	['zevəntəx]
quatre-vingts	**tachtig**	['tahtəx]
quatre-vingt-dix	**negentig**	['nexəntəx]
cent	**honderd**	['hɔndərt]

deux cents	tweehonderd	[twē·'hɔndərt]
trois cents	driehonderd	[dri·'hɔndərt]
quatre cents	vierhonderd	[vir·'hɔndərt]
cinq cents	vijfhonderd	[vɛjf·'hɔndərt]

six cents	zeshonderd	[zɛs·'hɔndərt]
sept cents	zevenhonderd	['zevən·'hɔndərt]
huit cents	achthonderd	[axt·'hɔndərt]
neuf cents	negenhonderd	['nexən·'hɔndərt]
mille	duizend	['dœyzənt]

| dix mille | tienduizend | [tin·'dœyzənt] |
| cent mille | honderdduizend | ['hɔndərt·'dœyzənt] |

| million (m) | miljoen (het) | [mi'ljun] |
| milliard (m) | miljard (het) | [mi'ljart] |

3. L'être humain. La famille

homme (m)	man (de)	[man]
jeune homme (m)	jongen (de)	['jɔŋən]
femme (f)	vrouw (de)	['vrau]
jeune fille (f)	meisje (het)	['mɛjɕə]
vieillard (m)	oude man (de)	['audə man]
vieille femme (f)	oude vrouw (de)	['audə 'vrau]

mère (f)	moeder (de)	['mudər]
père (m)	vader (de)	['vadər]
fils (m)	zoon (de)	[zõn]
fille (f)	dochter (de)	['dɔxtər]
frère (m)	broer (de)	[brur]
sœur (f)	zuster (de)	['zʉstər]

parents (m pl)	ouders	['audərs]
enfant (m, f)	kind (het)	[kint]
enfants (pl)	kinderen	['kindərən]
belle-mère (f)	stiefmoeder (de)	['stif·mudər]
beau-père (m)	stiefvader (de)	['stif·vadər]

grand-mère (f)	oma (de)	['ɔma]
grand-père (m)	opa (de)	['ɔpa]
petit-fils (m)	kleinzoon (de)	[klɛjn·zõn]
petite-fille (f)	kleindochter (de)	[klɛjn·'dɔxtər]
petits-enfants (pl)	kleinkinderen	[klɛjn·'kindərən]

oncle (m)	oom (de)	[õm]
tante (f)	tante (de)	['tantə]
neveu (m)	neef (de)	[nēf]
nièce (f)	nicht (de)	[nixt]
femme (f)	vrouw (de)	['vrau]

mari (m)	man (de)	[man]
marié (adj)	gehuwd	[xə'hʉwt]
mariée (adj)	gehuwd	[xə'hʉwt]
veuve (f)	weduwe (de)	['wedʉwə]
veuf (m)	weduwnaar (de)	['wedʉwnãr]
prénom (m)	naam (de)	[nãm]
nom (m) de famille	achternaam (de)	['axtər·nãm]
parent (m)	familielid (het)	[fa'mililit]
ami (m)	vriend (de)	[vrint]
amitié (f)	vriendschap (de)	['vrintsxap]
partenaire (m)	partner (de)	['partnər]
supérieur (m)	baas (de)	[bãs]
collègue (m, f)	collega (de)	[kɔ'lexa]
voisins (m pl)	buren	['bʉrən]

4. Le corps humain. L'anatomie

corps (m)	lichaam (het)	['lixãm]
cœur (m)	hart (het)	[hart]
sang (m)	bloed (het)	[blut]
cerveau (m)	hersenen	['hɛrsənən]
os (m)	been (het)	[bẽn]
colonne (f) vertébrale	ruggengraat (de)	['rʉxə·xrãt]
côte (f)	rib (de)	[rib]
poumons (m pl)	longen	['lɔŋən]
peau (f)	huid (de)	['hœyt]
tête (f)	hoofd (het)	[hõft]
visage (m)	gezicht (het)	[xə'ziht]
nez (m)	neus (de)	['nøs]
front (m)	voorhoofd (het)	['võrhõft]
joue (f)	wang (de)	[waŋ]
bouche (f)	mond (de)	[mɔnt]
langue (f)	tong (de)	[tɔŋ]
dent (f)	tand (de)	[tant]
lèvres (f pl)	lippen	['lipən]
menton (m)	kin (de)	[kin]
oreille (f)	oor (het)	[õr]
cou (m)	hals (de)	[hals]
œil (m)	oog (het)	[õx]
pupille (f)	pupil (de)	[pʉ'pil]
sourcil (m)	wenkbrauw (de)	['wɛnk·brau]
cil (m)	wimper (de)	['wimpər]
cheveux (m pl)	haren	['harən]

coiffure (f)	kapsel (het)	['kapsəl]
moustache (f)	snor (de)	[snɔr]
barbe (f)	baard (de)	[bārt]
porter (~ la barbe)	dragen	['draxən]
chauve (adj)	kaal	[kāl]

main (f)	hand (de)	[hant]
bras (m)	arm (de)	[arm]
doigt (m)	vinger (de)	['viŋər]
ongle (m)	nagel (de)	['naxəl]
paume (f)	handpalm (de)	['hantpalm]

épaule (f)	schouder (de)	['sxaudər]
jambe (f)	been (het)	[bēn]
genou (m)	knie (de)	[kni]
talon (m)	hiel (de)	[hil]
dos (m)	rug (de)	[rʉx]

5. Les vêtements. Les accessoires personnels

vêtement (m)	kleren (mv.)	['klerən]
manteau (m)	jas (de)	[jas]
manteau (m) de fourrure	bontjas (de)	[bɔnt jas]
veste (f) (~ en cuir)	jasje (het)	['jaçə]
imperméable (m)	regenjas (de)	['rexən jas]

chemise (f)	overhemd (het)	['ɔvərhɛmt]
pantalon (m)	broek (de)	[bruk]
veston (m)	colbert (de)	['kɔlbər]
complet (m)	kostuum (het)	[kɔs'tūm]

robe (f)	jurk (de)	[jurk]
jupe (f)	rok (de)	[rɔk]
tee-shirt (m)	T-shirt (het)	['tiʃɵt]
peignoir (m) de bain	badjas (de)	['batjas]
pyjama (m)	pyjama (de)	[pi'jama]
tenue (f) de travail	werkkleding (de)	['wɛrk·'klediŋ]

sous-vêtements (m pl)	ondergoed (het)	['ɔndərxut]
chaussettes (f pl)	sokken	['sɔkən]
soutien-gorge (m)	beha (de)	[be'ha]
collants (m pl)	panty (de)	['pɛnti]
bas (m pl)	nylonkousen	['nɛjlɔn·'kausən]
maillot (m) de bain	badpak (het)	['bad·pak]

chapeau (m)	hoed (de)	[hut]
chaussures (f pl)	schoeisel (het)	['sxuisəl]
bottes (f pl)	laarzen	['lārzən]
talon (m)	hiel (de)	[hil]
lacet (m)	veter (de)	['vetər]

cirage (m)	schoensmeer (de/het)	['sxun·smēr]
gants (m pl)	handschoenen	['xand 'sxunən]
moufles (f pl)	wanten	['wantən]
écharpe (f)	sjaal (de)	[çāl]
lunettes (f pl)	bril (de)	[bril]
parapluie (m)	paraplu (de)	[parap'lʉ]
cravate (f)	das (de)	[das]
mouchoir (m)	zakdoek (de)	['zagduk]
peigne (m)	kam (de)	[kam]
brosse (f) à cheveux	haarborstel (de)	[hār·'bɔrstəl]
boucle (f)	gesp (de)	[xɛsp]
ceinture (f)	broekriem (de)	['bruk·rim]
sac (m) à main	damestas (de)	['daməs·tas]

6. La maison. L'appartement

appartement (m)	appartement (het)	[apartə'mɛnt]
chambre (f)	kamer (de)	['kamər]
chambre (f) à coucher	slaapkamer (de)	['slāp·kamər]
salle (f) à manger	eetkamer (de)	[ēt·'kamər]
salon (m)	salon (de)	[sa'lɔn]
bureau (m)	studeerkamer (de)	[stu'dēr·'kamər]
antichambre (f)	gang (de)	[xaŋ]
salle (f) de bains	badkamer (de)	['bat·kamər]
toilettes (f pl)	toilet (het)	[tua'lɛt]
aspirateur (m)	stofzuiger (de)	['stɔf·zœyxər]
balai (m) à franges	zwabber (de)	['zwabər]
torchon (m)	poetsdoek (de)	['putsduk]
balayette (f) de sorgho	veger (de)	['vexər]
pelle (f) à ordures	stofblik (het)	['stɔf·blik]
meubles (m pl)	meubels	['møbəl]
table (f)	tafel (de)	['tafəl]
chaise (f)	stoel (de)	[stul]
fauteuil (m)	fauteuil (de)	[fo'tøj]
miroir (m)	spiegel (de)	['spixəl]
tapis (m)	tapijt (het)	[ta'pɛjt]
cheminée (f)	haard (de)	[hārt]
rideaux (m pl)	gordijnen	[xɔr'dɛjnən]
lampe (f) de table	bureaulamp (de)	[bʉ'rɔ·lamp]
lustre (m)	luchter (de)	['lʉxtər]
cuisine (f)	keuken (de)	['køkən]
cuisinière (f) à gaz	gasfornuis (het)	[xas·fɔr'nœys]
cuisinière (f) électrique	elektrisch fornuis (het)	[ɛ'lɛktris fɔr'nœys]

four (m) micro-ondes	**magnetronoven (de)**	['mahnetrɔn·'ɔvən]
réfrigérateur (m)	**koelkast (de)**	['kul·kast]
congélateur (m)	**diepvriezer (de)**	[dip·'vrizər]
lave-vaisselle (m)	**vaatwasmachine (de)**	['vātwas·ma'ʃinə]
robinet (m)	**kraan (de)**	[krān]
hachoir (m) à viande	**vleesmolen (de)**	['vlēs·mɔlən]
centrifugeuse (f)	**vruchtenpers (de)**	['vrʉxtən·pɛrs]
grille-pain (m)	**toaster (de)**	['tōstər]
batteur (m)	**mixer (de)**	['miksər]
machine (f) à café	**koffiemachine (de)**	['kɔfi·ma'ʃinə]
bouilloire (f)	**fluitketel (de)**	['flœʏt·'ketəl]
théière (f)	**theepot (de)**	['tē·pɔt]
téléviseur (m)	**televisie (de)**	[telə'vizi]
magnétoscope (m)	**videorecorder (de)**	['videɔ·re'kɔrdər]
fer (m) à repasser	**strijkijzer (het)**	['strɛjk·ɛjzər]
téléphone (m)	**telefoon (de)**	[telə'fōn]

www.ingramcontent.com/pod-product-compliance
Lightning Source LLC
Chambersburg PA
CBHW070839050426
42452CB00011B/2348